송 상 엽

지은이 송상엽은 대학에서 일어일문학을 전공하였으며, 국내 유수 기업체는 물론 어학원에서 수년간의 강사 경험을 바탕으로 일본어 교재 전문기획 프리랜서로 활동하고 있다. 지금은 랭컴출판사의 편집위원으로서 일본어 학습서 기획 및 저술 활동에 힘쓰고 있다.

독학, 왕초보 일본어 첫걸음
가타카나 따라쓰기

2024년 05월 10일 초판 1쇄 인쇄
2024년 05월 15일 초판 1쇄 발행

지은이 송상엽
발행인 손건
편집기획 김상배, 장수경
마케팅 최관호, 김재명
디자인 Purple
제작 최승용
인쇄 선경프린테크

발행처 *LanCom* 랭컴
주소 서울시 영등포구 영신로34길 19, 3층
등록번호 제 312-2006-00060호
전화 02) 2636-0895
팩스 02) 2636-0896
홈페이지 www.lancom.co.kr
이메일 elancom@naver.com

ⓒ 랭컴 2024
ISBN 979-11-7142-046-9 13730

독학,
왕초보 일본어 첫걸음 — STEP 02

가타카나 따라쓰기

カタカナ

일본어
문자와 발음
단숨에
뛰어넘다

아야요 지 미오

KATAKANA

LanCom
Language & Communication

PART 1

가타카나 문자와 발음

가타카나(カタカナ)는 히라가나(ひらがな)와는 글자 모양이 다르지만 발음은 동일합니다. 주로 외래어를 표기할 때 쓰이는 문자입니다. 여기서는 가타카나의 쓰기순서에 맞춰 따라쓰기를 할 수 있도록 했습니다. 물론 가타카나를 보지 않고 직접 쓰면서 익힐 수도 있습니다. 그리고 각각의 문자가 실제에서는 어떻게 쓰이는지 4개의 단어를 그림과 함께 두어 쉽고 재미있게 습득할 수 있도록 했습니다.

차례

PART 2

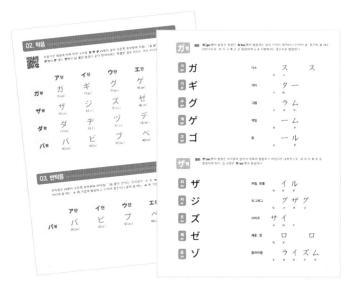

가타카나 여러가지 발음

가타카나 문자와 발음을 따라쓰기를 통해 제대로 익혔다면 그밖의 다른 여러 발음도 익혀야 합니다. 먼저 **カサタハ**행의 글자 오른쪽 윗부분에 탁점(゛)을 붙인 탁음과 ハ행의 오른쪽 윗부분에 반탁점(゜)을 붙인 반탁음을 익힌 다음 イ단 글자 중 자음인 **キシチニヒミリギジビピ** 뒤에 반모음의 작은 글자 ヤユヨ를 붙인 요음을 배울 겁니다. 그리고 우리말의 「ㄴ(n) ㅁ(m) ㅇ(ng)」의 받침으로만 쓰이는 하네루음인 ン과 막힌 소리의 하나로 ツ를 작은 글자 ッ로 표기하는 촉음을 배웁니다. 마지막으로 외래어에서 장음을 표기할 때 쓰이는 「ー」에 대해서 배우면 가타카나 문자와 발음을 완벽하게 익히게 됩니다.

일러두기

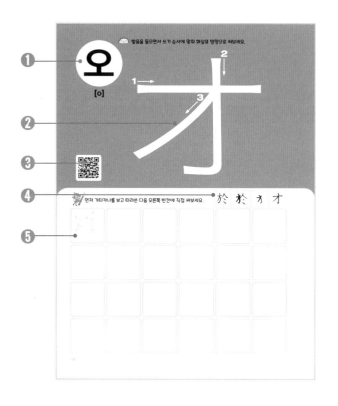

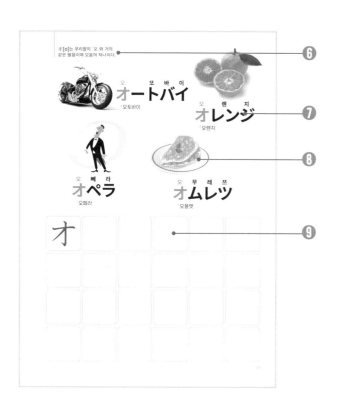

❶
한글로 가타카나 발음을 크게 표시했습니다. 아래는 로마자 표기입니다. 금방 눈에 들어오니까 가타카나 발음을 크게 소리내어 읽어봅니다.

❷
쓰기 편하도록 아주 큰 가타카나로 표기했습니다. 먼저 순서대로 화살표를 따라 손가락으로 그려본 다음 연필로 천천히 써봅니다.

❸
스마트폰 카메라로 QR코드를 체크하면 가타카나 쓰기 순서가 발음과 함께 천천히 동영상으로 나옵니다. 보면서 아주 쉽게 따라 쓸 수 있습니다.

❹
가타카나는 한자의 일부분을 따거나 획을 간단히 한 문자입니다. 가타카나 자원이 되는 한자의 일부 자획이 변천되는 과정을 보면 글자를 이해하기 쉽고 빨리 습득할 수 있습니다.

❺
필순을 보고 천천히 따라쓰기를 할 수 있도록 24개의 가타카나를 네모칸에 두었습니다. 여러 번 따라쓰기를 반복해서 연습할 수 있습니다.

❻
일본어 가타카나 각 글자마다 어떻게 발음하는지 간략하게 설명해두었습니다.

❼
가타카나가 단어에서는 어떻게 쓰이는지 확인합니다. 가타카나 위의 한글은 발음이고, 그 아래는 단어의 뜻입니다. 먼저 한글로 된 발음을 큰소리로 읽어봅니다. 이어서 QR코드를 체크하면 일본인의 정확한 발음을 들을 수 있습니다.

❽
단어마다 알맞는 그림을 두었습니다. 그림을 상상하면 훨씬 기억에 오래 남을 겁니다.

❾
이제 마무리합니다. 가타카나를 보지 말고 네모칸에 또박또박 써보세요. 당연히 네모 빈칸을 모두 채워야 합니다.

MP3
QR코드를 스마트폰 카메라로 체크하면 일본인의 발음을 들을 수 있습니다. 랭컴출판사 홈페이지 **(www.lancom.co.kr)**에서도 MP3 파일을 무료로 제공하고 있습니다.

청음이란 목의 저항이 없는 맑은 소리로, 아래의 오십음도 표에 나와 있는 5단 10행의 46(ン은 제외)
자를 말한다. 단은 모음에 의해 나누어진 세로 표, 행은 자음에 의해 나누어진 가로 표를 말한다.

	ア단	イ단	ウ단	エ단	オ단
ア행	ア 아[a]	イ 이[i]	ウ 우[u]	エ 에[e]	オ 오[o]
カ행	カ 카[ka]	キ 키[ki]	ク 쿠[ku]	ケ 케[ke]	コ 코[ko]
サ행	サ 사[sa]	シ 시[shi]	ス 스[su]	セ 세[se]	ソ 소[so]
タ행	タ 타[ta]	チ 치[chi]	ツ 츠[tsu]	テ 테[te]	ト 토[to]
ナ행	ナ 나[na]	ニ 니[ni]	ヌ 누[nu]	ネ 네[ne]	ノ 노[no]

>> 가타카나(カタカナ) 오십음도

오십음도에서 **アイウエオ**는 모음, **ヤユヨワ**는 반모음이며 나머지는 자음이다. 일본어 문자는 우리 한글과는 달리 자음과 모음을 합쳐진 음절 문자이다.

	ア단	イ단	ウ단	エ단	オ단
ハ행	ハ 하[ha]	ヒ 히[hi]	フ 후[fu]	ヘ 헤[he]	ホ 호[ho]
マ행	マ 마[ma]	ミ 미[mi]	ム 무[mu]	メ 메[me]	モ 모[mo]
ヤ행	ヤ 야[ya]		ユ 유[yu]		ヨ 요[yo]
ラ행	ラ 라[ra]	リ 리[ri]	ル 루[ru]	レ 레[re]	ロ 로[ro]
ワ행	ワ 와[wa]		ン 응[ng]		ヲ 오[o]

일본어는 4가지 문자로 표기합니다.

1. 히라가나

히라가나는 한자의 일부분을 따거나 흘려쓰기가 변형되어 만들어진 문자입니다. 옛날 궁정 귀족의 여성들이 주로 쓰던 문자였지만, 지금은 문장을 쓸 때 가장 일반적으로 쓰이는 문자입니다. 일본어를 시작할 때는 무조건 익혀야 합니다.

ひらがな

2. 가타카나

가타카나는 한자의 일부분을 따거나 획을 간단히 한 문자입니다. 히라가나와는 글자 모양만 다르고 발음은 동일합니다. 가타카나는 주로 외래어를 표기할 때 사용합니다. 그밖에 의성어나 어려운 한자로 표기해야 할 동식물의 이름 등에도 사용합니다.

カタカナ

3. 한자

우리는 한글만으로 모든 발음을 표기할 수 있습니다. 그러나 일본어는 히라가나와 가타카나만으로 표기하기에는 그 발음 숫자가 너무 적어서 한자를 쓰지 않으면 내용을 정확히 알 수 없습니다. 한자 읽기는 음독과 훈독이 있으며 우리와는 달리 읽는 방법이 다양합니다. 또한 일부 한자는 자획을 정리한 약자(신자체)를 사용합니다.

漢字 日本

4. 로마자

히라가나와 가타카나 그리고 한자는 일본어 표기에 기본이 되는 문자입니다. 다른 나라 사람들도 읽을 수 있도록 우리가 로마자(알파벳)로 한글 발음을 표기하는 것처럼 일본어에서도 각 문자마다 로마자 표기법을 정해 사용하고 있습니다. 로마자 표기법도 함께 익혀둡니다.

Hiragana Katakana Kanji

PART 1

가타카나
문자와
발음

아
[a]

먼저 가타카나를 보고 따라쓴 다음 오른쪽 빈칸에 직접 써보세요.

阿 阿 ア ア

ア[a]는 우리말의 「아」와 거의
같은 발음이며 일본어 모음의 하나이다.

아　루　바　무
アルバム
*앨범

안　떼　나
アンテナ
*안테나

아　메　리　까
アメリカ
*미국

아　이　롱
アイロン
*다리미

이
[i]

먼저 가타카나를 보고 따라쓴 다음 오른쪽 빈칸에 직접 써보세요.

伊	伊	イ	イ

イ[i]는 우리말의 「이」와 거의 비슷하며
입을 양 옆으로 벌려서 발음한다.

이 기 리 스
イギリス
*영국

마 이 꾸
マイク
*마이크

이 아 링 구
イアリング
*이어링(귀걸이)

인 따 홍
インターホン
*인터폰

―는 길게 발음한다

우

[u]

먼저 가타카나를 보고 따라쓴 다음 오른쪽 빈칸에 직접 써보세요.

宇　宇　ゥ　ウ

ウ[u]는 우리말 「우」와 「으」의 중간음으로
입술이 앞으로 너무 튀어나오지 않도록 발음한다.

우 꾸 레 레
ウクレレ
*우쿨렐레

우 에 하 스
ウエハース
*웨이퍼스(웨하스)

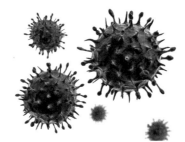

우 루 또 라
ウルトラ
*울트라

우 이 루 스
ウイルス
*바이러스

에

[e]

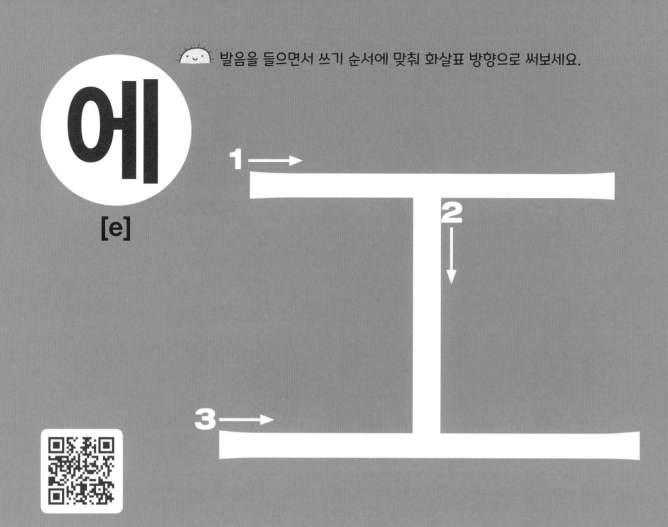

먼저 가타카나를 보고 따라쓴 다음 오른쪽 빈칸에 직접 써보세요.

江　江　エ　エ

エ[e]는 우리말의 「에」와 「애」의
중간음으로 일본어 모음의 하나이다.

에 아 꽁
エアコン
*에어컨

에 뿌 롱
エプロン
*에이프런

에 스 끼 모
エスキモー
*에스키모

엔 징
エンジン
*엔진

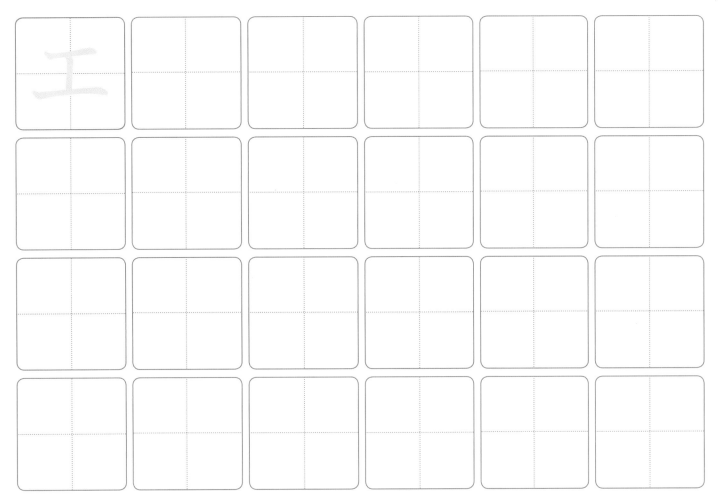

발음을 들으면서 쓰기 순서에 맞춰 화살표 방향으로 써보세요.

오
[o]

먼저 가타카나를 보고 따라쓴 다음 오른쪽 빈칸에 직접 써보세요.

於 於 才 才

オ[o]는 우리말의 「오」와 거의
같은 발음이며 모음의 하나이다.

오 또 바 이
オートバイ
*오토바이

오 렌 지
オレンジ
*오렌지

오 뻬 라
オペラ
*오페라

오 무 레 쯔
オムレツ
*오믈렛

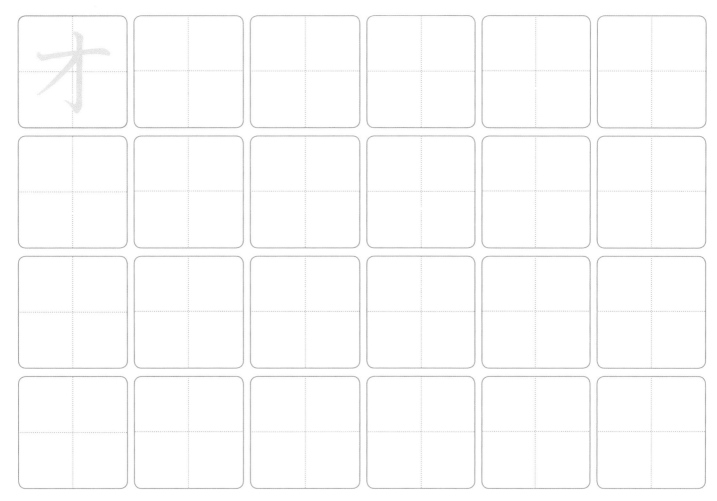

■ 아래 발음에 알맞는 가타카나를 네모 칸에 써넣으세요.

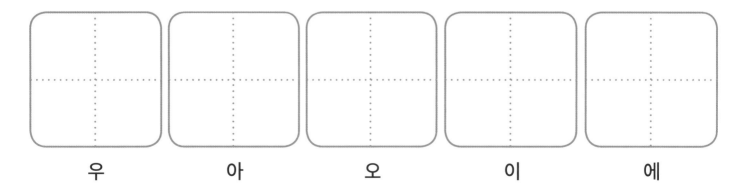

| 우 | 아 | 오 | 이 | 에 |

■ 한글 발음과 그림을 보고 빈칸에 알맞은 가타카나를 써넣으세요.

아　이　롱

		ロ	ン

마　이　꾸

マ		ク

오　렌　지

	レ	ン	ジ

에　스　끼　모　－

	ス	キ	モ	ー

에　뿌　롱

	プ	ロ	ン

우　에　하　－　스

		ハ	ー	ス

카
[ka]

먼저 가타카나를 보고 따라쓴 다음 오른쪽 빈칸에 직접 써보세요.

加　加　力　力

カ[ka]는 우리말의 「카」와 「가」의 중간음으로
단어의 중간이나 끝에 오면 「까」에 가깝게 발음한다.

카 떙
カーテン
*커튼

카 메 라
カメラ
*카메라

카 나 다
カナダ
*캐나다

카 메 레 옹
カメレオン
*카멜레온

키

[ki]

발음을 들으면서 쓰기 순서에 맞춰 화살표 방향으로 써보세요.

먼저 가타카나를 보고 따라쓴 다음 오른쪽 빈칸에 직접 써보세요.

幾 첫 キ キ

キ[ki]는 첫음절이 아닌 단어의 중간이나
끝에 오면 「끼」에 가깝게 발음한다.

キ
キー
*키(열쇠)

キ 우 이
キウイ
*키위

키 무 찌
キムチ
*김치

키 빠
キーパー
*골키퍼

ク [ku]

발음을 들으면서 쓰기 순서에 맞춰 화살표 방향으로 써보세요.

먼저 가타카나를 보고 따라쓴 다음 오른쪽 빈칸에 직접 써보세요.

ク[ku]는 첫음절이 아닌 단어의 중간이나
끝에 오면 「꾸」에 가깝게 발음한다.

ク　イ　ズ
クイズ
*퀴즈

ク　リ　ス　マ　ス
クリスマス
*크리스마스

ク　레　용
クレヨン
*크레용

쿡　끼
クッキー
*쿠키

케

[ke]

먼저 가타카나를 보고 따라쓴 다음 오른쪽 빈칸에 직접 써보세요.

介　タ　ケ　ケ

ケ[ke]는 단어의 첫음절이 아닌 중간이나
끝에 오면 「께」에 가깝게 발음한다.

케　　　지
ケージ
*케이지(새장)

케　　　끼
ケーキ
*케이크

케　　　스
ケース
*케이스(상자)

케　　부　　루　　까
ケーブルカー
*케이블카

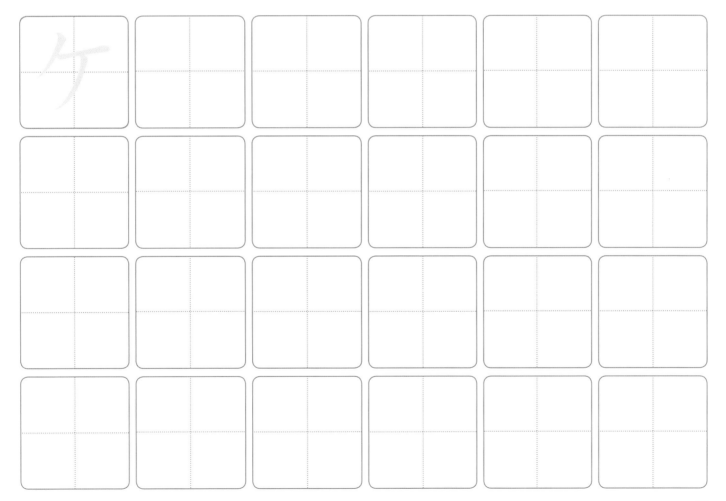

🌅 발음을 들으면서 쓰기 순서에 맞춰 화살표 방향으로 써보세요.

코
[ko]

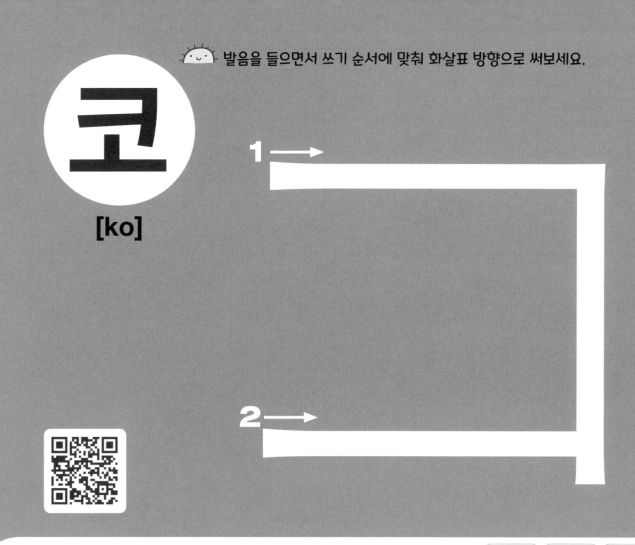

🐱 먼저 가타카나를 보고 따라쓴 다음 오른쪽 빈칸에 직접 써보세요.

己 己 ㄱ ㄱ

30

コ[ko]는 단어의 첫음절이 아닌 중간이나
끝에 오면 「꼬」에 가깝게 발음한다.

코 꼬 아
ココア
*코코아

코 아 라
コアラ
*코알라

코 카 꼬 라
コカコーラ
*코카콜라

코 히
コーヒー
*커피

■ 네모 빈칸에 제시된 가타카나를 쓰면서 마무리하세요.

■ 아래 발음에 알맞는 가타카나를 네모 칸에 써넣으세요.

| 키 | 카 | 코 | 쿠 | 케 |

■ 한글 발음과 그림을 보고 빈칸에 알맞은 가타카나를 써넣으세요.

키 우 이

| | ウ | イ |

코 아 라

| | ア | ラ |

카 메 라

| | メ | ラ |

쿠 이 즈

| | イ | ズ |

쿠 리 스 마 스

| | リ | ス | マ | ス |

케 ― 끼

| | ― | |

사
[sa]

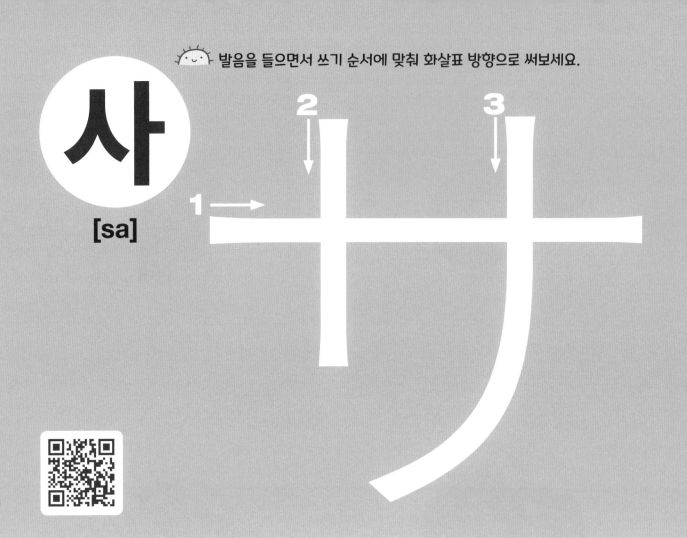

먼저 가타카나를 보고 따라쓴 다음 오른쪽 빈칸에 직접 써보세요.

散 散 サ サ

サ[sa]는 우리말의 「사」에 가까운
발음으로 일본어 자음의 하나이다.

サ イ レ
サイレン
*사이렌

サ ラ 다
サラダ
*샐러드

사 까 스
サーカス
*서커스

사 보 뗑
サボテン
*선인장

シ

[shi]

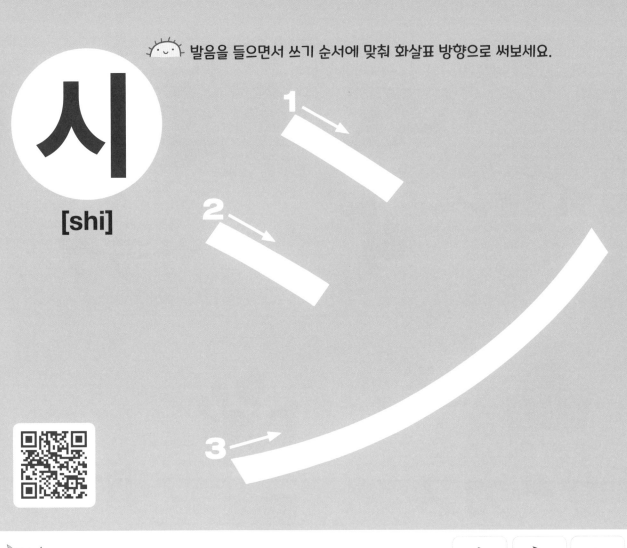

먼저 가타카나를 보고 따라쓴 다음 오른쪽 빈칸에 직접 써보세요.

之　え　シ　シ

シ[shi]는 우리말의 「쉬」에 가까운
「시」발음으로 일본어 자음의 하나이다.

시 쯔
シーツ
*시트

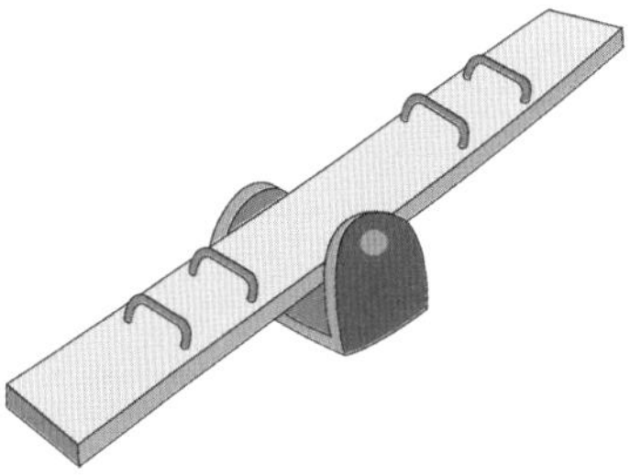

시 소
シーソー
*시소

샤 쯔
シャツ
*셔츠

샤 와
シャワー
*샤워

스
[su]

발음을 들으면서 쓰기 순서에 맞춰 화살표 방향으로 써보세요.

먼저 가타카나를 보고 따라쓴 다음 오른쪽 빈칸에 직접 써보세요.

須 須 ス ス

ス[su]는 우리말의 「수」와 「스」의
중간음으로 「스」에 가깝게 발음한다.

스 잇 찌
スイッチ
*스위치

스 립 빠
スリッパ
*슬리퍼

스 까 또
スカート
*스커트(치마)

스 께 또
スケート
*스케이트

ス

세
[se]

발음을 들으면서 쓰기 순서에 맞춰 화살표 방향으로 써보세요.

먼저 가타카나를 보고 따라쓴 다음 오른쪽 빈칸에 직접 써보세요.

世 せ セ セ

セ[se]는 우리말의 「세」와 비슷한
발음으로 자음이다.

세 루 후
セルフ
*셀프

세 　 따
セーター
*스웨터

세 로 리
セロリ
*샐러리

세 멘 또
セメント
*시멘트

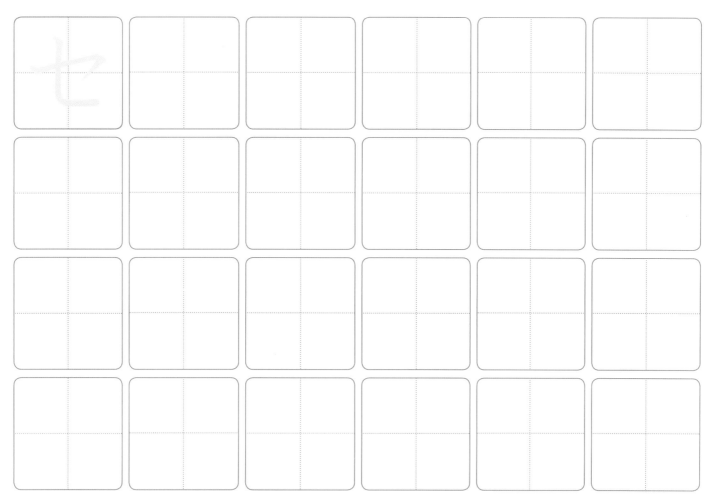

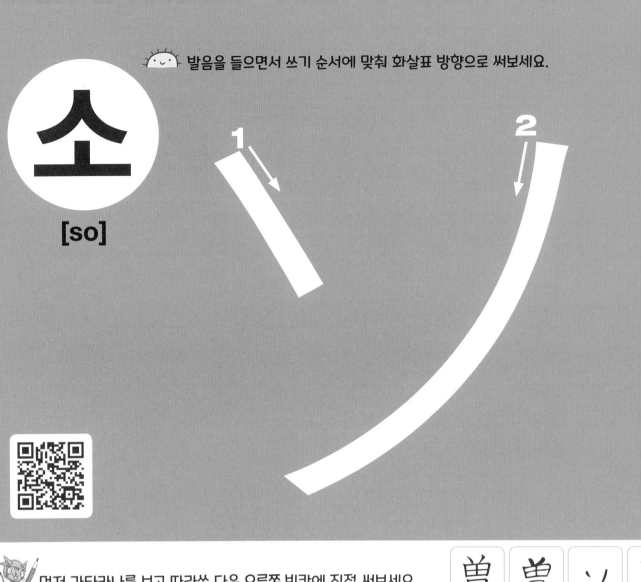

발음을 들으면서 쓰기 순서에 맞춰 화살표 방향으로 써보세요.

소
[so]

먼저 가타카나를 보고 따라쓴 다음 오른쪽 빈칸에 직접 써보세요.

曽　曽　ゾ　ソ

ソ[so]는 우리말의 「소」와 비슷한
발음으로 자음이다.

소　스
ソース
*소스

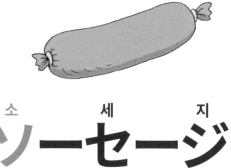

소　세　지
ソーセージ
*소시지

소　껫　또
ソケット
*소켓

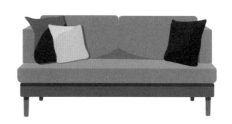

소　화
ソファー
*소파

■ 네모 빈칸에 제시된 가타카나를 쓰면서 마무리하세요.

■ 아래 발음에 알맞는 가타카나를 네모 칸에 써넣으세요.

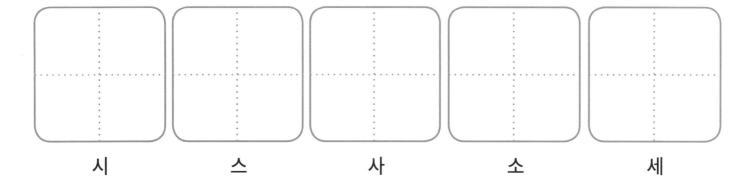

| 시 | 스 | 사 | 소 | 세 |

■ 한글 발음과 그림을 보고 빈칸에 알맞은 가타카나를 써넣으세요.

세 ― 따 ―

| | ー | タ | ー |

사 라 다

| | ラ | ダ |

스 립 빠

| | リ | ッ | パ |

세 멘 또

| | メ | ン | ト |

소 ― 세 ― 지

| | ー | | ー | ジ |

시 ― 소 ―

| | ー | | ー |

45

타

[ta]

발음을 들으면서 쓰기 순서에 맞춰 화살표 방향으로 써보세요.

먼저 가타카나를 보고 따라쓴 다음 오른쪽 빈칸에 직접 써보세요.

タ [ta]는 「타」와 「다」의 중간음으로 단어의 중간이나 끝에 올 때는 「따」에 가깝게 발음한다.

타 와
タワー
*타워

타 오 루
タオル
*타월

타 꾸 시
タクシー
*택시

타 이 마
タイマー
*타이머

タ

치
[chi]

발음을 들으면서 쓰기 순서에 맞춰 화살표 방향으로 써보세요.

먼저 가타카나를 보고 따라쓴 다음 오른쪽 빈칸에 직접 써보세요.

チ[chi]는 단어의 첫음절이 아닌 중간이나
끝에 올 때는 「찌」에 가깝게 발음한다.

치 따
チーター
*치타

치 즈
チーズ
*치즈

치 껫 또
チケット
*티켓

침 빤 지
チンパンジー
*침팬지

チ

ツ

[tsu]

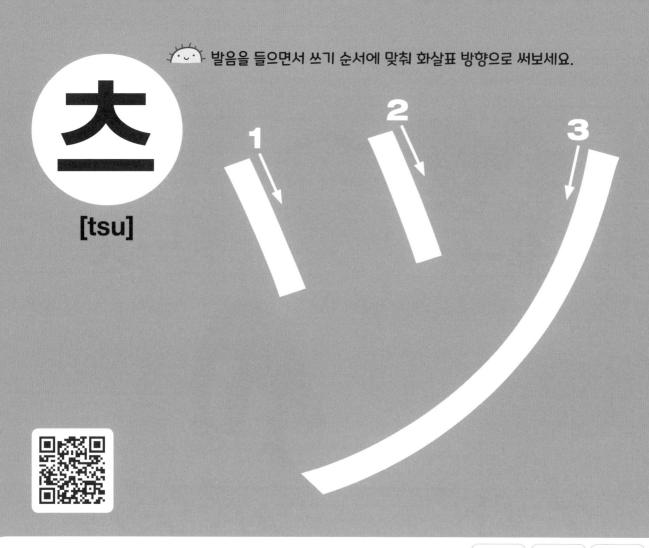

먼저 가타카나를 보고 따라쓴 다음 오른쪽 빈칸에 직접 써보세요.

ツ[tsu]는 우리말의 「쓰」, 「쯔」, 「츠」의 복합적인 음으로 단어의 중간이나 끝에 올 때는 약간 된소리로 발음한다.

츠 잉
ツイン
*트윈

츠 리
ツリー
*트리

츠 아
ツアー
*투어

츠 잇 따
ツイッター
*트위터

테
[te]

먼저 가타카나를 보고 따라쓴 다음 오른쪽 빈칸에 직접 써보세요.

天 天 テ テ

テ[te]는 단어의 첫음절이 아닌 중간이나
끝에 올 때는 「떼」에 가깝게 발음한다.

테 뿌
テープ
*테이프

테 레 비
テレビ
*텔레비전

테 니 스
テニス
*테니스

텐 또
テント
*텐트

[to]

発음을 들으면서 쓰기 순서에 맞춰 화살표 방향으로 써보세요.

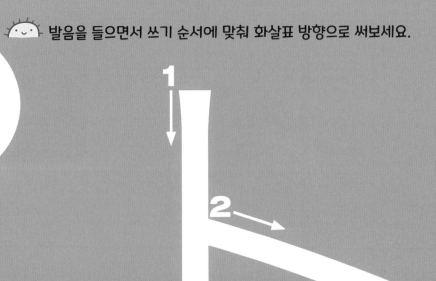

 먼저 가타카나를 보고 따라쓴 다음 오른쪽 빈칸에 직접 써보세요.

止　止　ト　ト

ト[to]는 단어의 첫음절이 아닌 중간이나 끝에 올 때는 「또」에 가깝게 발음한다.

토 스 또
トースト
*토스트

토 마 또
トマト
*토마토

토 이 레
トイレ
*화장실

토 락 꾸
トラック
*트럭

■ 네모 빈칸에 제시된 가타카나를 쓰면서 마무리하세요.

■ 아래 발음에 알맞는 가타카나를 네모 칸에 써넣으세요.

토	타	테	치	츠

■ 한글 발음과 그림을 보고 빈칸에 알맞은 가타카나를 써넣으세요.

테 레 비

| | レ | ビ |

치 ㅡ 즈

| | ー | ズ |

츠 리 ㅡ

| | リ | ー |

츠 아 ㅡ

| | ア | ー |

토 마 또

| | マ | |

타 오 루

| | オ | ル |

나
[na]

먼저 가타카나를 보고 따라쓴 다음 오른쪽 빈칸에 직접 써보세요.

奈	奈	ナ	ナ

ナ[na]는 우리말의 「나」와 거의 같은 발음으로 일본어 자음의 하나이다.

나 스
ナース

*너스(간호사)

나 이 후
ナイフ
*나이프(칼)

남 바
ナンバー
*넘버(번호)

나 뿌 낑
ナプキン
*냅킨

ニ
[ni]

1 →

2 →

먼저 가타카나를 보고 따라쓴 다음 오른쪽 빈칸에 직접 써보세요.

ニ ニ ニ ニ

二[ni]는 우리말의 「니」와 거의 같은
발음으로 자음이다.

니 라
二ラ
*부추

뉴 스
ニュース
*뉴스

닛 또
ニット
*니트

니 구 로
ニグロ
*니그로(흑인)

누
[nu]

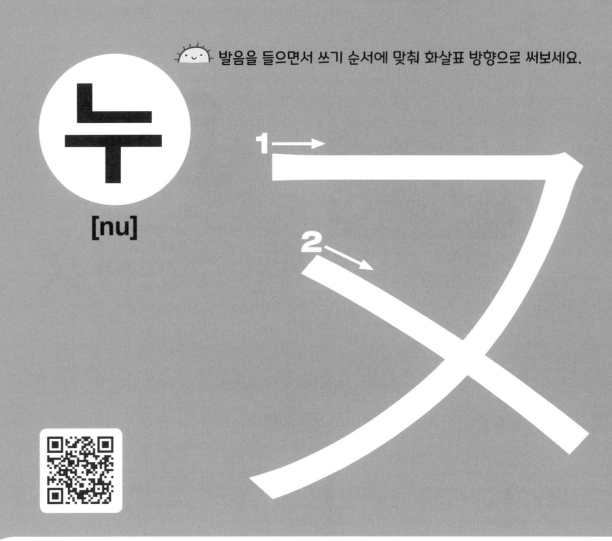

먼저 가타카나를 보고 따라쓴 다음 오른쪽 빈칸에 직접 써보세요.

奴 奴 ヌ ヌ

ヌ[nu]는 우리말의 「누」와 거의 비슷한 발음으로 자음이다.

ヌードル
*누들(국수)

カヌー
*카누

ヌートリア
*뉴트리아

ヌクテー
*늑대

발음을 들으면서 쓰기 순서에 맞춰 화살표 방향으로 써보세요.

네

[ne]

먼저 가타카나를 보고 따라쓴 다음 오른쪽 빈칸에 직접 써보세요.

称　祢　ネ　ネ

ネ[ne]는 우리말의 「네」와 거의 비슷한 발음으로 자음이다.

네 옹
ネオン
*네온

네 꾸 따 이
ネクタイ
*넥타이

네 스 또
ネスト
*네스트(둥지)

넥 꾸 레 스
ネックレス
*네클리스(목걸이)

[no]

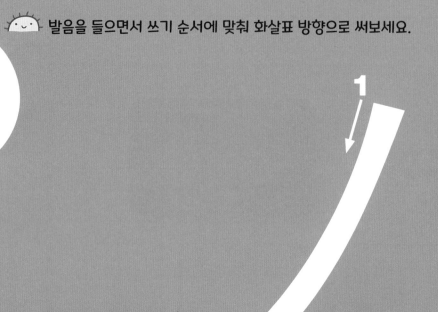

먼저 가타카나를 보고 따라쓴 다음 오른쪽 빈칸에 직접 써보세요.

乃	乃	ノ	ノ

ノ[no]는 우리말의 「노」와 거의 비슷한 발음으로 자음이다.

ノズル
*노즐

ノート
*노트(공책)

ノック
*노크

ノイローゼ
*노이로제

■ 네모 빈칸에 제시된 가타카나를 쓰면서 마무리하세요.

■ 아래 발음에 알맞는 가타카나를 네모 칸에 써넣으세요.

| 누 | 나 | 노 | 니 | 네 |

■ 한글 발음과 그림을 보고 빈칸에 알맞은 가타카나를 써넣으세요.

카　누　－

カ		ー

나　이　후

	イ	フ

노　－　또

	ー	ト

네　옹

	オ	ン

뉴　－　스

	ユ	ー	ス

네　꾸　따　이

	ク	タ	イ

하

[ha]

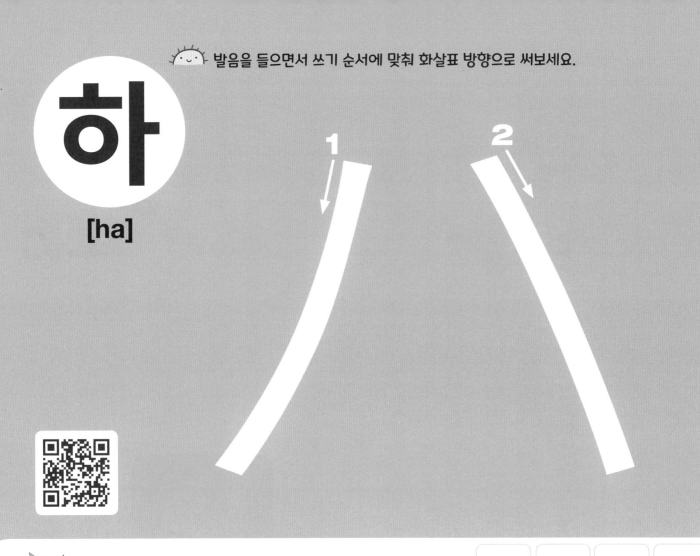

먼저 가타카나를 보고 따라쓴 다음 오른쪽 빈칸에 직접 써보세요.

ハ ハ ハ ハ

ハ[ha]는 우리말의 「하」와 거의
비슷한 발음으로 자음의 하나이다.

하
ハート
*하트

하 모 니 까
ハーモニカ
*하모니카

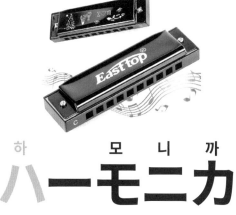

함 바 구
ハンバーグ
*햄버그(햄버그스테이크 준말)

하 이 히 루
ハイヒール
*하이힐

ハ

히

[hi]

발음을 들으면서 쓰기 순서에 맞춰 화살표 방향으로 써보세요.

먼저 가타카나를 보고 따라쓴 다음 오른쪽 빈칸에 직접 써보세요.

比　比　ヒ　ヒ

ヒ[hi]는 우리말의 「히」와 거의 비슷한 발음으로 자음이다.

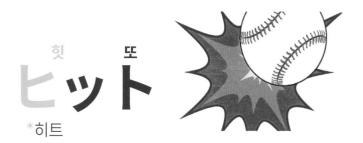

힛 또
ヒット
*히트

히 따
ヒーター
*히터

히 아 링 구
ヒアリング
*히어링(듣기)

히 로
ヒーロー
*히어로(영웅)

ヒ

후
[fu]

먼저 가타카나를 보고 따라쓴 다음 오른쪽 빈칸에 직접 써보세요.

不　不　フ　フ

フ[fu]는 우리말의 「후」와 거의 비슷한
발음으로 자음이다.

후 라 밍 고
フラミンゴ
*플라밍고

후 루 또
フルート
*플루트

후 랑 스
フランス
*프랑스

후 라 이 빵
フライパン
*프라이팬

헤

[he]

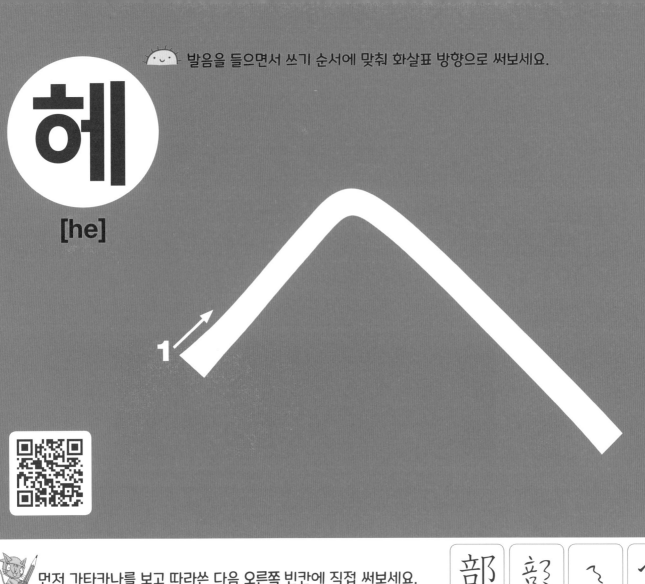

1

발음을 들으면서 쓰기 순서에 맞춰 화살표 방향으로 써보세요.

먼저 가타카나를 보고 따라쓴 다음 오른쪽 빈칸에 직접 써보세요.

部	음3	〜	へ

へ[he]는 우리말의 「헤」와 거의
비슷한 발음이다.

헤 루 멧 또
ヘルメット
*헬멧

헤 리 꼬 뿌 따
ヘリコプター
*헬리콥터

헤 루 스 꾸 라 부
ヘルスクラブ
*헬스클럽

헤 루 빠
ヘルパー
*헬퍼(돕는 사람)

호

[ho]

먼저 가타카나를 보고 따라쓴 다음 오른쪽 빈칸에 직접 써보세요.

保	保	ホ	ホ

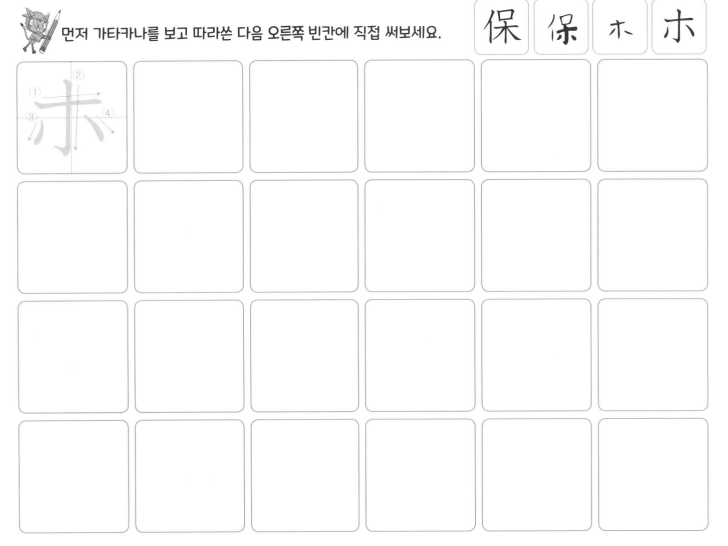

ホ[ho]는 우리말의 「호」와 거의 비슷한 발음으로 자음이다.

호 떼 루
ホテル
*호텔

호 스
ホース
*호스

호 룽
ホルン
*호른

호 찌 끼 스
ホチキス
*호치키스(스테이플러)

■ 네모 빈칸에 제시된 가타카나를 쓰면서 마무리하세요.

ハ

ヒ

フ

ヘ

ホ

■ 아래 발음에 알맞는 가타카나를 네모 칸에 써넣으세요.

| 호 | 하 | 히 | 헤 | 후 |

■ 한글 발음과 그림을 보고 빈칸에 알맞은 가타카나를 써넣으세요.

히 ― 따 ―

| | ー | タ | ー |

호 ― 스

| | ー | ス |

후 랑 스

| | ラ | ン | ス |

헤 루 스 꾸 라 부

| | ル | ス | ク | ラ | ブ |

헤 리 꼬 뿌 따 ―

| | リ | コ | プ | タ | ー |

하 ― 모 니 까

| | ー | モ | ニ | カ |

마
[ma]

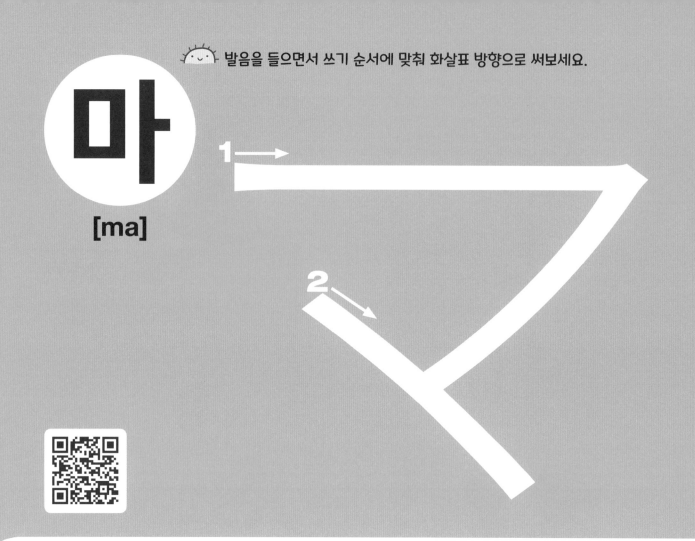

먼저 가타카나를 보고 따라쓴 다음 오른쪽 빈칸에 직접 써보세요.

万　万　マ　マ

マ[ma]는 우리말의 「마」와 거의 비슷한
발음으로 자음이다.

마 우 스
マウス
*마우스

마 후 라
マフラー
*머플러

마 스 꾸
マスク
*마스크

마 네 낑
マネキン
*마네킹

マ

ミ

[mi]

발음을 들으면서 쓰기 순서에 맞춰 화살표 방향으로 써보세요.

먼저 가타카나를 보고 따라쓴 다음 오른쪽 빈칸에 직접 써보세요.

ミ[mi]는 우리말의 「미」와 거의 비슷한 발음으로 자음이다.

ミ
미 キ
끼 サー
사

*믹서

ミ
미 ル
루 ク
꾸

*밀크(우유)

ミ
미 シ
싱 ン

*미싱(재봉틀)

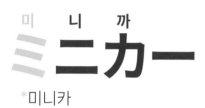

ミ
미 ニ
니 カー
까

*미니카

무

[mu]

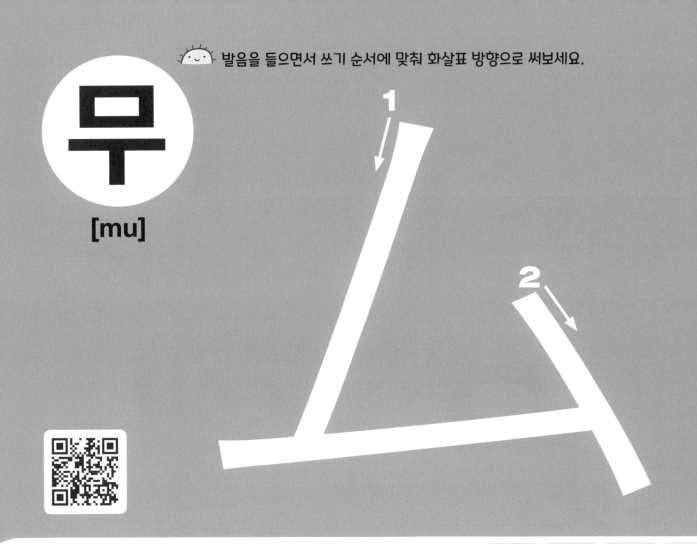

발음을 들으면서 쓰기 순서에 맞춰 화살표 방향으로 써보세요.

먼저 가타카나를 보고 따라쓴 다음 오른쪽 빈칸에 직접 써보세요.

牟	牟	ム	ム

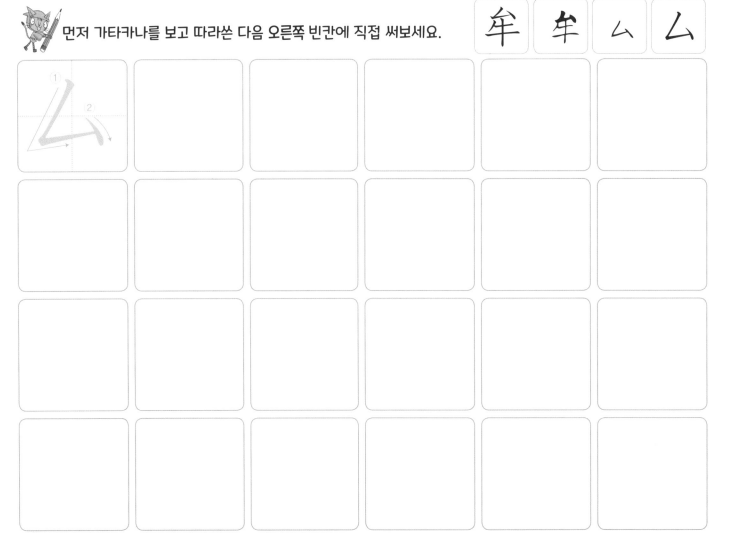

ム[mu]는 우리말의 「무」와 거의 비슷한
발음으로 자음이다.

무　비
ムービー
*무비(영화)

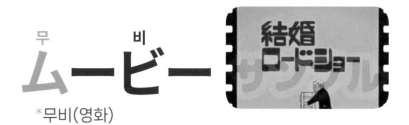

하　무
ハム
*햄

무　도
ムード
*무드

베 또 나 무
ベトナム
*베트남

메
[me]

먼저 가타카나를 보고 따라쓴 다음 오른쪽 빈칸에 직접 써보세요.

女	女	メ	メ

メ[me]는 우리말의 「메」와 거의 비슷한
발음으로 자음이다.

메 모
メモ
*메모

메 롱
メロン
*멜론

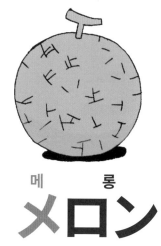

메 다 루
メダル
*메달

메 뉴
メニュー
*메뉴

모
[mo]

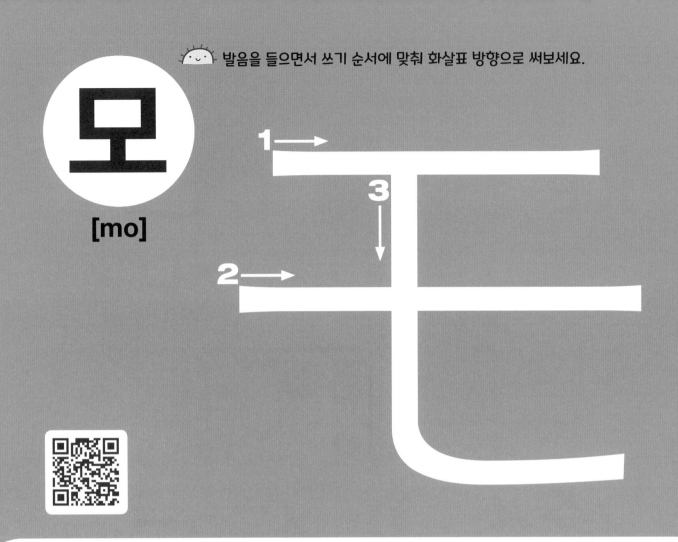

먼저 가타카나를 보고 따라쓴 다음 오른쪽 빈칸에 직접 써보세요.　　毛　毛　モ　モ

モ[mo]는 우리말의 「모」와 거의 비슷한
발음으로 자음이다.

모 데 루
モデル
*모델

모 노 레 루
モノレール
*모노레일

모 따
モーター
*모터

모 니 따
モニター
*모니터

■ 네모 빈칸에 제시된 가타카나를 쓰면서 마무리하세요.

■ 아래 발음에 알맞는 가타카나를 네모 칸에 써넣으세요.

| 무 | 모 | 미 | 메 | 마 |

■ 한글 발음과 그림을 보고 빈칸에 알맞은 가타카나를 써넣으세요.

미　루　꾸

	ル	ク

메　　롱

	ロ	ン

하　무

ハ	

모　데　루

	デ	ル

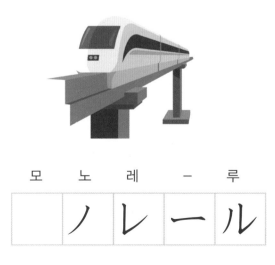

모　노　레　ー　루

ノ	レ	ー	ル

마　후　라　ー

	フ	ラ	ー

93

라

[ra]

먼저 가타카나를 보고 따라쓴 다음 오른쪽 빈칸에 직접 써보세요.

良　良　う　ラ

ラ[ra]는 우리말의 「라」와 같은 발음으로
단어의 첫머리에 오더라도 「라」로 발음한다.

_라 _껫 _또
ラケット
*라켓

_라 _이 _옹
ライオン
*라이온(사자)

_라 _잉
ライン
*라인(선)

_라 _멩
ラーメン
*라면

리
[ri]

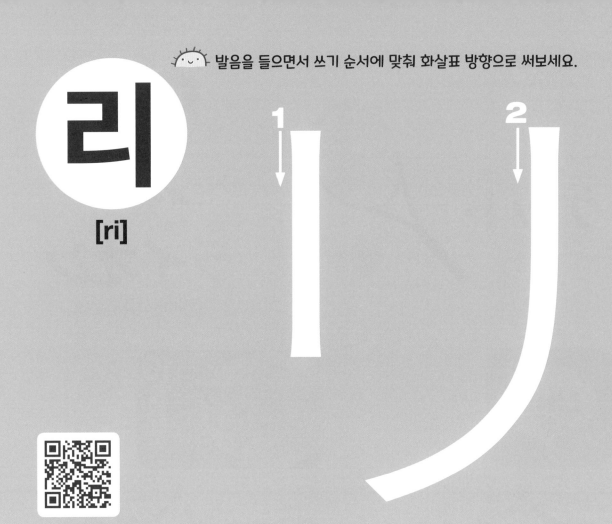

먼저 가타카나를 보고 따라쓴 다음 오른쪽 빈칸에 직접 써보세요.

利	利	リ	リ

リ[ri]는 우리말의 「리」와 같으며 단어의
첫머리에 오더라도 「리」로 발음한다.

리 즈 무
リズム
*리듬

리 봉
リボン
*리본

리 사 이 꾸 루
リサイクル
*리사이클(재활용)

리 모 꽁
リモコン
*리모컨

루

[ru]

먼저 가타카나를 보고 따라쓴 다음 오른쪽 빈칸에 직접 써보세요.

流 流 ル ル

ル[ru]는 우리말의 「루」와 같은 발음으로
단어의 첫머리에 오더라도 「루」로 발음한다.

루 뿌
ループ
*루프(고리)

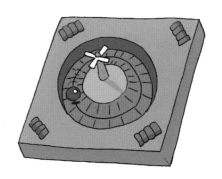

루 렛 또
ルーレット
*룰렛

루 비
ルビー
*루비

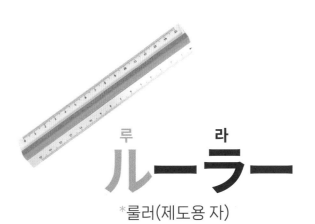

루 라
ルーラー
*룰러(제도용 자)

레

[re]

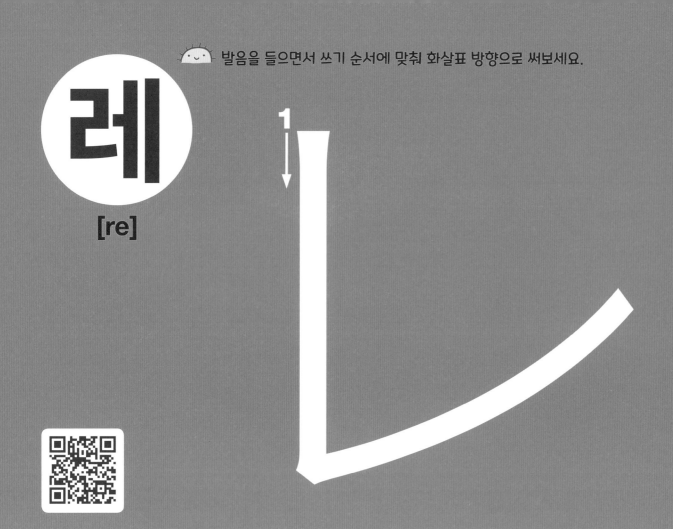

먼저 가타카나를 보고 따라쓴 다음 오른쪽 빈칸에 직접 써보세요.

礼	礼	し	レ

レ[re]는 우리말의 「레」와 같은 발음으로
단어의 첫머리에 오더라도 「레」로 발음한다.

レコード
레 꼬 도
*레코드

レモン
레 몽
*레몬

レミコン
레 미 꽁
*레미콘

レインコート
레 잉 꼬 또
*레인코트(비옷)

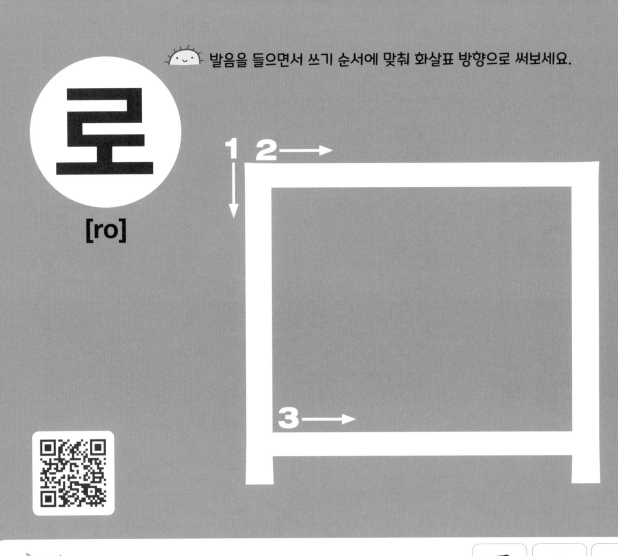

로

[ro]

먼저 가타카나를 보고 따라쓴 다음 오른쪽 빈칸에 직접 써보세요.

呂 呂 ㅁ 口

ロ[ro]는 우리말의 「로」와 같은 발음으로
단어의 첫머리에 오더라도 「로」로 발음한다.

로 껫 또
ロケット
*로켓

로 뿌
ロープ
*로프(줄)

로 봇 또
ロボット
*로봇

로 라
ローラー
*롤러

■ 네모 빈칸에 제시된 가타카나를 쓰면서 마무리하세요.

ラ			로		레
リ					
ル					
レ					
ロ					

■ 아래 발음에 알맞는 가타카나를 네모 칸에 써넣으세요.

| 리 | 루 | 라 | 로 | 레 |

■ 한글 발음과 그림을 보고 빈칸에 알맞은 가타카나를 써넣으세요.

레　　몽

	モ	ン

로　ー　뿌

	ー	プ

리　　봉

	ボ	ン

리　사　이　꾸　루

サ	イ	ク	

루　ー　렛　또

ー		ッ	ト

라　이　옹

	イ	オ	ン

야
[ya]

먼저 가타카나를 보고 따라쓴 다음 오른쪽 빈칸에 직접 써보세요.

也　や　ャ　ヤ

ヤ[ya]는 우리말의 「야」와 거의 비슷한 발음으로 반모음이다.

ヤギ
야 기
*염소

タイヤ
타 이 야
*타이어

ヤク
야 꾸
*야크

ヤシ
야 시
*야자나무

ヤ

유
[yu]

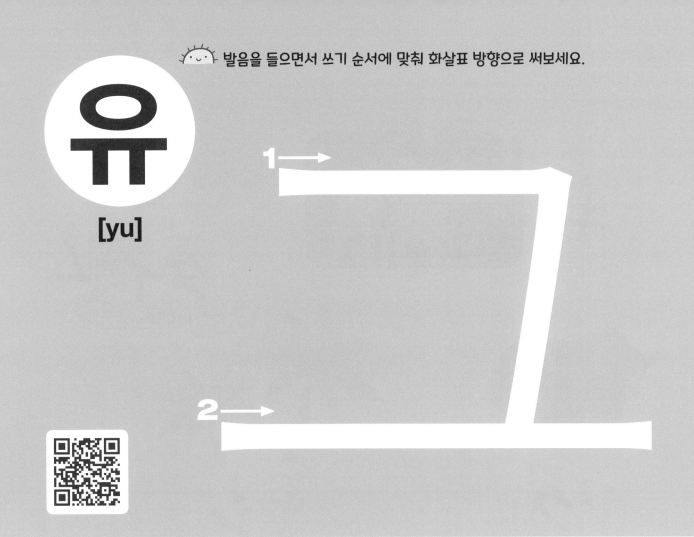

먼저 가타카나를 보고 따라쓴 다음 오른쪽 빈칸에 직접 써보세요.　由　由　ユ　ユ

ユ[yu]는 우리말의 「유」와 거의 비슷한 발음으로 반모음이다.

유 로
ユーロ
*유로

유 니 호 무
ユニホーム
*유니폼

유 모 아
ユーモア
*유머

유 까 리
ユーカリ
*유칼리

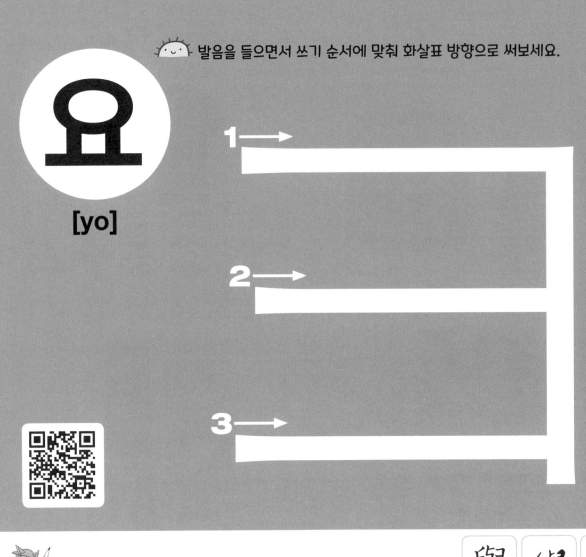

ㅛ

[yo]

먼저 가타카나를 보고 따라쓴 다음 오른쪽 빈칸에 직접 써보세요.

與	與	ヨ	ヨ

ヨ[yo]는 우리말의 「요」와 거의 비슷한
발음으로 반모음이다.

요 구 루 또
ヨーグルト
*요구르트

욧 또
ヨット
*요트

요 롭 빠
ヨーロッパ
*유럽

요 가
ヨガ
*요가

ヨ

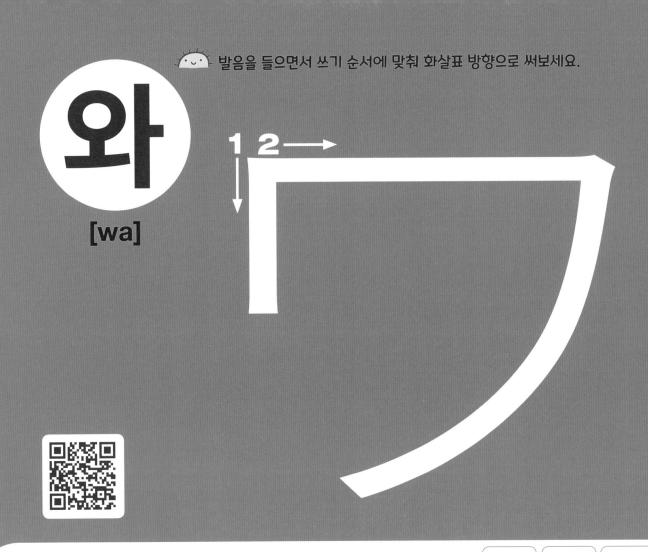

와
[wa]

먼저 가타카나를 보고 따라쓴 다음 오른쪽 빈칸에 직접 써보세요.

和 和 ( ) ワ

ワ[wa]는 우리말의 「와」와 거의 같은
발음으로 반모음이다.

와 루 쯔
ワルツ
*왈츠

와 이 샤 쯔
ワイシャツ
*와이셔츠

와 이 빠
ワイパー
*와이퍼

왐 삐 스
ワンピース
*원피스

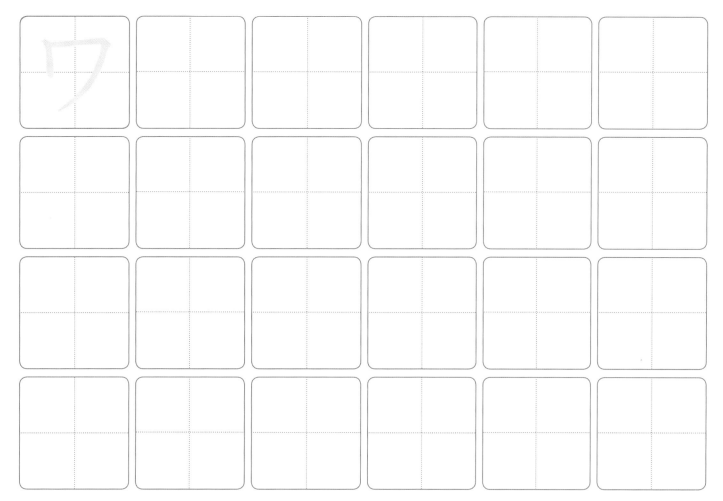

응
[ng]

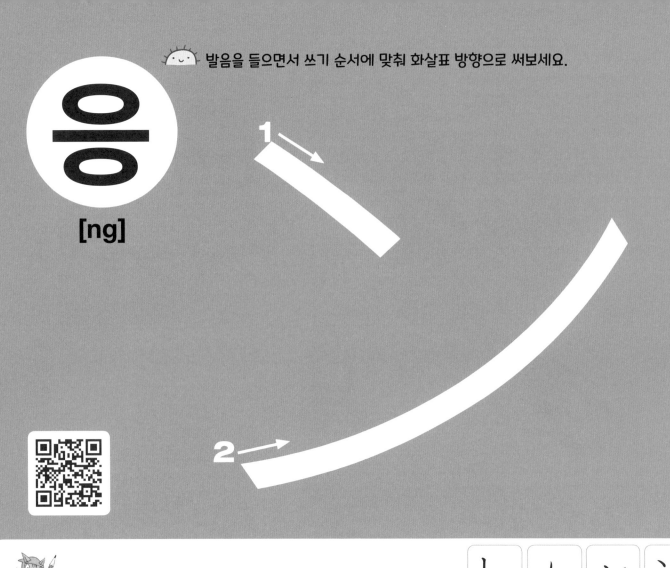

발음을 들으면서 쓰기 순서에 맞춰 화살표 방향으로 써보세요.

먼저 가타카나를 보고 따라쓴 다음 오른쪽 빈칸에 직접 써보세요.

レ	し	ゝ	ン

ン[ng]는 다른 글자 밑에서 받침으로만
쓰이며 「ㄴ, ㅁ, ㅇ」등으로 발음한다.

팡
パン
*빵

펭 깅
ペンギン
*펭귄

즈 봉
ズボン
*바지

항 까 찌
ハンカチ
*손수건

■ 네모 빈칸에 제시된 가타카나를 쓰면서 마무리하세요.

ヤ				ㅎ	유
ユ					
ヨ					
ワ					
ン					

■ 아래 발음에 알맞는 가타카나를 네모 칸에 써넣으세요.

요	와	야	응	유

■ 한글 발음과 그림을 보고 빈칸에 알맞은 가타카나를 써넣으세요.

타 이 야

タ	イ	

욧 또

	ッ	ト

유 니 호 - 무

	ニ	ホ	ー	ム

야 꾸

	ク

펭 깅

ペ		ギ	

와 이 샤 쯔

イ	シ	ャ	ツ

ヲ

오

[o]

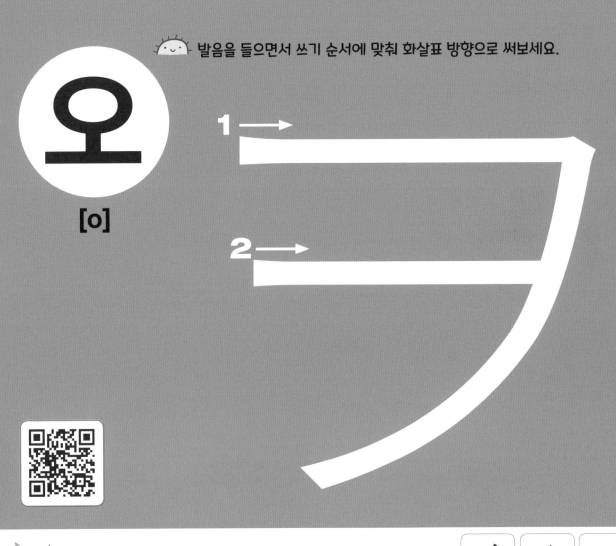

먼저 가타카나를 보고 따라쓴 다음 오른쪽 빈칸에 직접 써보세요.

| 乎 | 乎 | ヲ | ヲ |

PART 2

가타카나
여러가지
발음

02. 탁음

탁음이란 청음에 비해 탁한 소리로 **カ サ タ ハ**행의 글자 오른쪽 윗부분에 탁점(゛)을 붙인 음을 말한다. **ダ**행의 **ヂ ヅ**는 **ザ**행의 **ジ ズ**와 발음이 같아 현대어에는 특별한 경우 이외는 거의 쓰이지 않는다.

	ア단	イ단	ウ단	エ단	オ단
ガ행	ガ 가[ga]	ギ 기[gi]	グ 구[gu]	ゲ 게[ge]	ゴ 고[go]
ザ행	ザ 자[za]	ジ 지[zi]	ズ 즈[zu]	ゼ 제[ze]	ゾ 조[zo]
ダ행	ダ 다[da]	ヂ 지[zi]	ヅ 즈[zu]	デ 데[de]	ド 도[do]
バ행	バ 바[ba]	ビ 비[bi]	ブ 부[bu]	ベ 베[be]	ボ 보[bo]

03. 반탁음

반탁음은 **ハ**행의 오른쪽 윗부분에 반탁점(゜)을 붙인 것이다. 우리말의 「ㅍ」과 「ㅃ」의 중간음으로 단어의 첫머리에 올 때는 「ㅍ」에 가깝게 발음하고, 단어의 중간이나 끝에 올 때는 「ㅃ」에 가깝게 발음한다.

	ア단	イ단	ウ단	エ단	オ단
パ행	パ 파[pa]	ピ 피[pi]	プ 푸[pu]	ペ 페[pe]	ポ 포[po]

ガ행 **발음** **ガ[ga]**행의 발음은 청음인 **カ[ka]**행의 발음과는 달리 단어의 첫머리나 단어의 끝, 중간에 올 때도 마찬가지로 「가 기 구 게 고」로 발음하며 도쿄 지방에서는 콧소리로 발음한다.

가 ga	ガ				가스	ガ ス		ガ ス	
기 gi	ギ				기타	ギ タ ー		
구 gu	グ				그램	グ ラ ム		
게 ge	ゲ				게임	ゲ ー ム		
고 go	ゴ				골	ゴ ー ル		

ザ행 **발음** **ザ[za]**행의 발음은 우리말에 없어서 정확히 발음하기 어렵지만 대체적으로 「자 지 즈 제 조」로 발음하면 된다. 입 모양은 **サ[sa]**행과 동일하다.

자 za	ザ				자일(밧줄)	ザ イ ル
지 zi	ジ				지그재그	ジ グ ザ グ
즈 zu	ズ				사이즈	サ イ ズ
제 ze	ゼ				제로(영)	ゼ ロ ゼ ロ
조 zo	ゾ				졸라이즘	ゾ ラ イ ズ ム

ダ행

발음 **ダ**[da]행의 **ダ デ ド**는 우리말의 「다 데 도」로 발음하고, **ヂ ヅ**는 **ザ**행의 **ジ ズ**와 발음이 동일하여 거의 쓰이지 않으며 우리말 「지 즈」로 발음한다.

				다운	ダ	ウ	ン
다 da	ダ				다		운

데이트 デ ー ト (데 - 또)

도어(문) ド ア / ド ア (도 아)

다이어리 ダ イ ア リ ー (다 이 아 리 -)

데이터 デ ー タ (데 - 따)

바(ba) 비(bi) 부(bu) 베(be) 보(bo)

ダ[da]행의 ダ/ヂ/ヅ/デ/ド

ダ(다/da) ヂ(지/zi) ヅ(즈/zu) デ(데/de) ド(도/do)

 バ행

발음 **バ**[ba]행은 우리말의 「바 비 부 베 보」처럼 발음한다. 단, **ブ**[bu]는 입술을 둥글게 하여 발음하지 않도록 한다.

バ(바/ba) ビ(비/bi) ブ(부/bu) ベ(베/be) ボ(보/bo)

아르바이트 ア ル バ イ ト (아 루 바 이 또)

비디오 ビ デ オ (비 데 오)

브레이크 ブ レ ー キ (부 레 - 끼)

베이비 (아기) ベ ビ ー (베 비 -)

보트 ボ ー ト (보 - 또)

122

발음 반탁음 **パ[pa]**행은 우리말의 「ㅍ」과 「ㅃ」의 중간음으로 단어의 첫머리에 올 경우에는 「ㅍ」에 가깝게 발음하고, 단어의 중간이나 끝에 올 때는 「ㅃ」에 가깝게 발음한다.

파 pa	パ	パ			빵	パ	ン	パ	ン
							팡		
피 pi	ピ	ピ			피아노	ピ	ア	ノ	
						피	아	노	
푸 pu	プ	プ			프라이드	プ	ラ	イ	ド
						푸	라	이	도
페 pe	ペ	ペ			페달	ペ	ダ	ル	
						페	다	루	
포 po	ポ	ポ			우체통	ポ	ス	ト	
						포	스	또	

■ 한글 발음과 그림을 보고 빈칸에 알맞은 가타카나를 써넣으세요.

도 아
	ア

피 아 노
	ア	ノ

포 스 또
	ス	ト

베 비 －
		ー

다 이 아 리 －
	イ	ア	リ	ー

123

04. 요음

요음이란 **イ**단 글자 중 자음인 **キシチニヒミリギジビピ**에 반모음의 작은 글자 **ャュョ**를 붙인 음을 말한다. 따라서 **ャュョ**는 우리말의 「ㅑㅠㅛ」같은 역할을 한다.

	～ャ	～ュ	～ョ
キャ행	**キャ** 캬[kya]	**キュ** 큐[kyu]	**キョ** 쿄[kyo
シャ행	**シャ** 샤[sya/sha]	**シュ** 슈[syu/shu]	**ショ** 쇼[syo/sho]
チャ행	**チャ** 챠[cha]	**チュ** 츄[chu]	**チョ** 쵸[cho]
ニャ행	**ニャ** 냐[nya]	**ニュ** 뉴[nyu]	**ニョ** 뇨[nyo]
ヒャ행	**ヒャ** 햐[hya]	**ヒュ** 휴[hyu]	**ヒョ** 효[hyo]
ミャ행	**ミャ** 먀[mya]	**ミュ** 뮤[myu]	**ミョ** 묘[myo]
リャ행	**リャ** 랴[rya]	**リュ** 류[ryu]	**リョ** 료[ryo]
ギャ행	**ギャ** 갸[gya]	**ギュ** 규[gyu]	**ギョ** 교[gyo]
ジャ행	**ジャ** 쟈[zya/ja]	**ジュ** 쥬[zyu/ju]	**ジョ** 죠[zyo/jo]
ビャ행	**ビャ** 뱌[bya]	**ビュ** 뷰[byu]	**ビョ** 뵤[byo]
ピャ행	**ピャ** 퍄[pya]	**ピュ** 퓨[pyu]	**ピョ** 표[pyo]

발음 キャ[kya]행은 단어의 첫머리에서는 「캬 큐 쿄」로 발음한다. 그러나 단어의 중간이나 끝에서는 「꺄 뀨 꾜」로 강하게 발음한다.

캬 kya	キャ
큐 kyu	キュ
쿄 kyo	キョ

캐리어 (경력) — キャリア (캬 리 아)

쿠바 — キューバ (큐 - 바)

캐스트 (배역) — キャスト (꺄 스 또)

 발음 シャ[sya]행은 우리말의 「샤 슈 쇼」처럼 발음하며, 로마자로 표기할 때는 **sya syu syo**와 **sha shu sho** 두 가지로 표기한다.

샤 sya	シャ
슈 syu	シュ
쇼 syo	ショ

샤프 — シャープ (샤 - 뿌)

슈거 (설탕) — シュガー (슈 가 -)

쇼(구경거리) — ショー (쇼 -) / ショー

 발음 チャ[cha]행은 단어의 첫머리에서는 「챠 츄 쵸」로 발음하지만, 단어의 중간이나 끝에서는 강한 소리인 「쨔 쮸 쬬」로 발음한다.

챠 cha	チャ
츄 chu	チュ
쵸 cho	チョ

차이나 (중국) — チャイナ (챠 이 나)

튜브 — チューブ (츄 - 부)

초이스 (선택) — チョイス (쵸 이 스)

행 **발음** **ニャ**[nya]행은 우리말의 「냐 뉴 뇨」처럼 발음하며, 우리말처럼 단어의 첫머리에 오더라도 「야 유 요」로 발음하지 않는다.

냐 nya	ニャ	ニャ

뉴 nyu	ニュ	ニュ

뇨 nyo	ニョ	ニョ

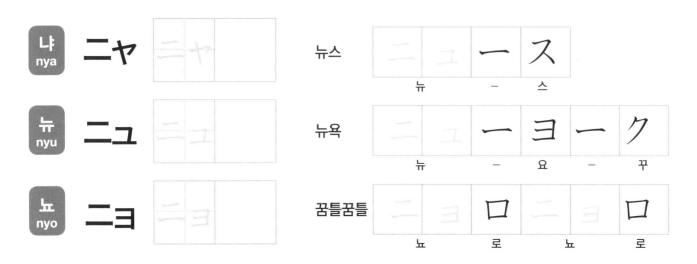

뉴스

ニ	ュ	ー	ス
뉴	–		스

뉴욕

ニ	ュ	ー	ヨ	ー	ク
뉴	–		요	–	꾸

꿈틀꿈틀

ニ	ョ	ロ	ニ	ョ	ロ
뇨		로	뇨		로

■ 한글 발음과 그림을 보고 빈칸에 알맞은 가타카나를 써넣으세요.

캬 리 아
	リ	ア

캬 스 또
	ス	ト

샤 ー 뿌
	ー	プ

쇼 ー
	ー

츄 ー 부
	ー	ブ

쵸 이 스
	イ	ス

뉴 ー 스
	ー	ス

뉴 ー 요 ー 꾸
	ー	ヨ	ー	ク

발음 ヒャ[hya]행은 우리말의 「햐 휴 효」처럼 발음하며, 발음이 힘들다고 하여 「하 후 호」로 발음하지 않도록 주의한다.

| 햐 hya | ヒャ | | | | 퓨즈 | 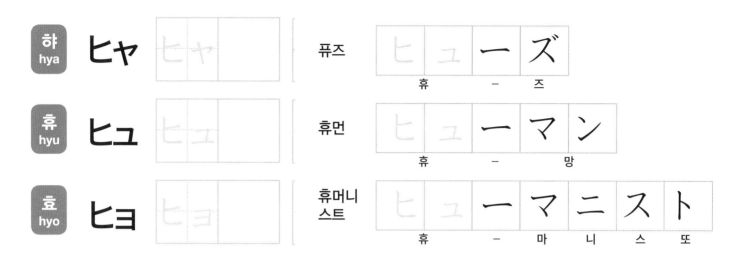 |

햐 hya	ヒャ
휴 hyu	ヒュ
효 hyo	ヒョ

퓨즈
휴먼
휴머니스트

 발음 ミャ[mya]행은 우리말의 「먀 뮤 묘」처럼 발음하며, 발음하기 힘들다고 「마 무 모」로 발음하지 않도록 주의한다.

먀 mya	ミャ
뮤 myu	ミュ
묘 myo	ミョ

미얀마
뮤지컬
뮤지엄 (박물관)

 **발음** リャ[rya]행은 우리말의 「랴 류 료」처럼 발음하며, 우리말처럼 단어의 첫머리에 오더라도 「야 유 요」로 발음하지 않도록 주의한다.

랴 rya	リャ
류 ryu	リュ
료 ryo	リョ

류머티즘
륙색
볼륨

127

ギャ행

발음 **ギャ**[gya]행은 **キャ**[kya]행에 탁음이 붙은 것으로 우리말의 「갸 규 교」처럼 발음한다. 단, 단어의 첫머리에서는 유성음으로 발음한다.

갸 gya	ギャ	ギャ	
규 gyu	ギュ	ギュ	
교 gyo	ギョ	ギョ	

개그 — ギャ | グ (갸 | 구) / ギャ | グ

갤러리 — ギャ | ラ | リ | ー (갸 | 라 | 리 | ー)

교자(중국만두) — ギョ | ー | ザ (교 | ー | 자)

■ 한글 발음과 그림을 보고 빈칸에 알맞은 가타카나를 써넣으세요.

휴 ― 즈
☐ ☐ ー ズ

휴 ― 망
☐ ☐ ー マ ン

교 ― 자
☐ ☐ ー ザ

뮤 ― 지 까 루
☐ ☐ ー ジ カ ル

뮤 ― 지 아 무
☐ ☐ ー ジ ア ム

류 갸 ― 마 찌
☐ ☐ ー マ チ

갸 구
☐ グ

보 류 ― 무
ボ ☐ ー ム

발음 ジャ[zya]행은 우리말의 「쟈 쥬 죠」처럼 발음한다. 참고로 **ヂャ**행은 **ジャ**행과 발음이 동일하여 현대어에서는 거의 쓰이지 않는다.

쟈 zya	ジャ			재즈	
쥬 zyu	ジュ			주스	
죠 zyo	ジョ			조크 (농담)	

 발음 ビャ[bya]행은 ヒャ[hya]행에 탁음이 붙은 것으로 우리말의 「뱌 뷰 뵤」처럼 발음한다. 「바 부 보」로 발음하지 않도록 주의한다.

뱌 bya	ビャ		뷰티(아 름다움)	
뷰 byu	ビュ		뷰폰	
뵤 byo	ビョ		인터뷰	

 발음 ピャ[pya]행은 단어의 첫머리에서는 「퍄 퓨 표」로 발음하지만, 단어의 중간이나 끝에서는 「빠 뿌 뽀」로 강하게 발음한다.

퍄 pya	ピャ		퓨어 (순수함)	
퓨 pyu	ピュ		퓨마	
표 pyo	ピョ		깡충깡충	

■ 한글 발음과 그림을 보고 빈칸에 알맞은 가타카나를 써넣으세요.

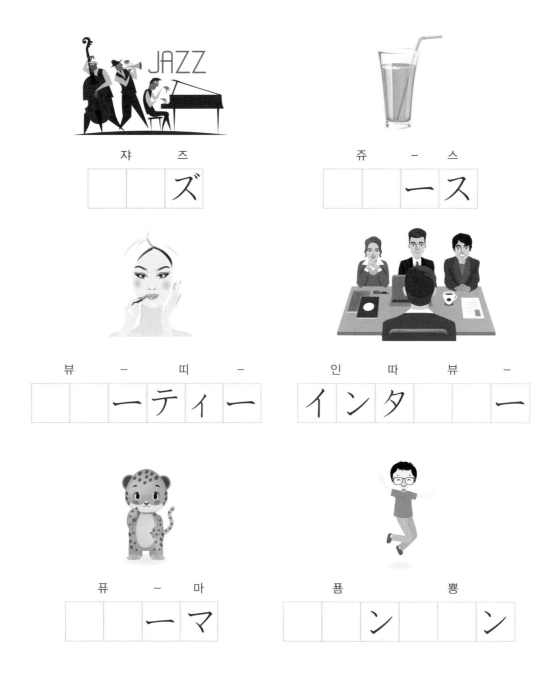

쟈　　즈
| | | ズ |

쥬　－　스
| | | ー | ス |

뷰　－　띠　－
| | | ー | ティ | ー |

인　따　뷰　　－
| イ | ン | タ | | ー |

퓨　－　마
| | | ー | マ |

폼　　　뽕
| | | ン | | ン |

05. 하네루 음

하네루 음이란 오십음도의 마지막 글자인 ン을 말한다. ン은 단어의 첫머리에 오지 않으며 항상 다른 글자 뒤에 쓰여 우리말의 받침과 같은 구실을 한다. 따라서 ン 다음에 오는 글자의 영향에 따라 우리말의 ㄴ(n) ㅁ(m) ㅇ(ng)으로 소리가 난다.

 발음 ン 다음에 **カ ガ**행의 글자가 이어지면 「ㅇ(ng)」으로 발음한다.

밍크	ミ	ン	ク					
	밍		꾸					
캥거루	カ	ン	ガ	ル	ー			
	캉		가	루	ー			

발음 ン 다음에 **サ ザ タ ダ ナ ラ**행의 글자가 이어지면 「ㄴ(n)」으로 발음한다.

난센스	ナ	ン	セ	ン	ス			
	난		센		스			
엔진	エ	ン	ジ	ン				
	엔		징					
힌트	ヒ	ン	ト					
	힌		또					
팬더	パ	ン	ダ					
	판		다					
신나	シ	ン	ナ	ー				
	신		나	ー				
선라이즈(일출)	サ	ン	ラ	イ	ズ			
	산		라	이	즈			

발음 ン 다음에 **マ バ パ**행의 글자가 이어지면「ㅁ(**m**)」으로 발음한다.

햄버그	ハ	ン	バ	ー	グ					
	함		바	-	구					

언밸런스	ア	ン	バ	ラ	ン	ス				
	암		바	란		스				

템포	テ	ン	ポ							
	템		뽀							

 발음 ン 다음에 **ア ハ ヤ ワ**행의 글자가 이어지면「ㄴ(**n**)」과「ㅇ(**ng**)」의 중간음으로 발음한다.
단어 끝에 **ン**이 와도 마찬가지이다.

온에어(방송중)	オ	ン	エ	ア					
	옹		에	아					

상하이	シ	ャ	ン	ハ	イ				
	샹			하	이				

온워드(전진)	オ	ン	ワ	ー	ド				
	옹		와	-	도				

디자인	デ	ザ	イ	ン					
	데	자		잉					

■ 한글 발음과 그림을 보고 빈칸에 알맞은 가타카나를 써넣으세요.

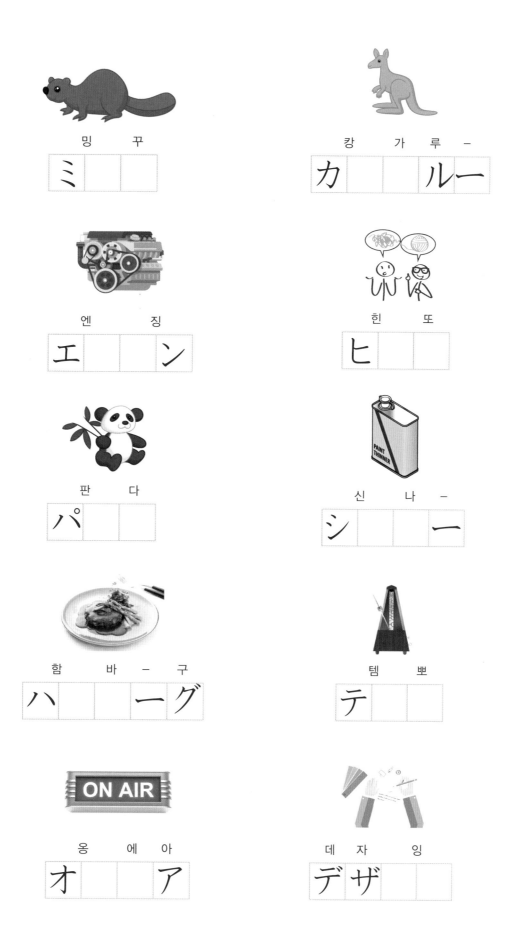

밍　꾸
ミ

캉　가　루　ー
カ　　ル　ー

엔　징
エ　ン

힌　또
ヒ

판　다
パ

신　나　ー
シ　　ー

함　바　ー　구
ハ　　ー　グ

템　뽀
テ

옹　에　아
オ　ア

데　자　잉
デ　ザ

06. 촉음 ◇◇◇

촉음이란 막힌 소리의 하나로 우리말의 받침과 같은 역할을 하는 것을 말한다. 즉, 촉음은 **ツ**를 작을 글자 **ッ**로 표기하여 다른 글자 밑에서 받침으로만 쓰인다. 이 촉음은 하나의 음절을 갖고 있으며 뒤에 오는 글자의 영향에 따라 우리말 받침의「ㄱ ㅅ ㄷ ㅂ」으로 발음한다.

발음 촉음인 **ッ** 다음에 **カ**행인 **カ キ ク ケ コ**가 이어지면「ㄱ(**k**)」으로 발음한다.

쿠킹(요리)

ク	ッ	キ	ン	グ				
쿡		낑		구				

사커(축구)

サ	ッ	カ	ー					
삭		까	ㅡ					

발음 촉음인 **ッ** 다음에 **サ**행인 **サ シ ス セ ソ**가 이어지면「ㅅ(**s**)」으로 발음한다.

메시지

メ	ッ	セ	ー	ジ				
멧		세	ㅡ	지				

쿠션

ク	ッ	シ	ョ	ン				
쿳		숑						

발음 촉음인 **ッ** 다음에 **パ**행인 **パ ピ プ ペ ポ**가 이어지면「ㅂ(**b**)」으로 발음한다.

애플(사과)

ア	ッ	プ	ル				
압		뿌	루				

유럽

ヨ	ー	ロ	ッ	パ			
요	ㅡ	롭		빠			

발음 촉음인 **ッ** 다음에 **タ**행인 **タチツテト**가 이어지면 「ㄷ**(t)**」으로 발음한다.

히트

ヒ	ッ	ト						

힡 또

터치

タ	ッ	チ						

탇 찌

■ 한글 발음과 그림을 보고 빈칸에 알맞은 가타카나를 써넣으세요.

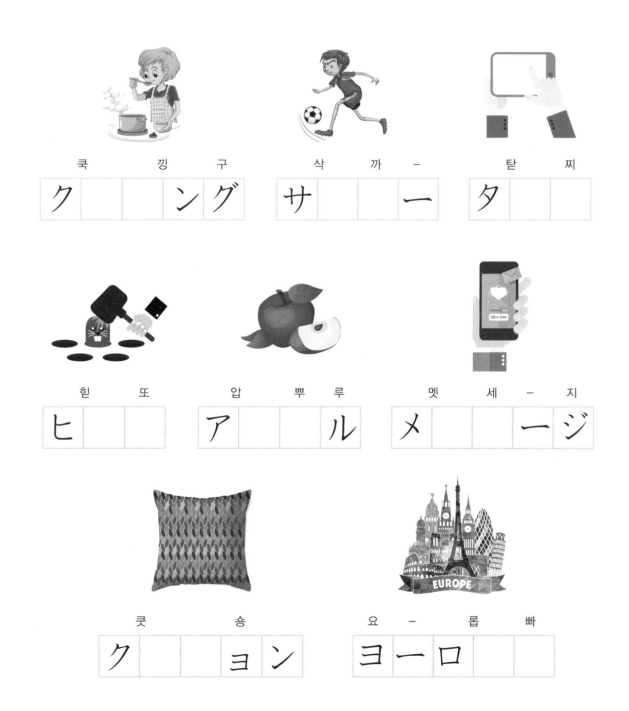

쿡 낑 구

ク		ン	グ

삭 까 ー

サ		ー	タ

탇 찌

힡 또

ヒ	

압 뿌루

ア		ル

멧 세 ー 지

メ		ー	ジ

쿳 숑

ク		ョ	ン

요 ー 롭 빠

ヨ	ー	ロ	

장음이란 같은 모음이 중복될 때 앞의 발음을 길게 발음하는 것을 말한다. 우리말에서는 장음의 구별이 어렵지만 일본어에서는 이것을 확실히 구분하여 쓴다. 음의 장단에 따라 그 의미가 달라지므로 주의해야 한다. **カタカナ**에서는 장음부호를 「ー」로 표기한다. 이 책의 우리말 장음 표기도 편의상 「ー」로 했다.

발음 **ア**단 다음에 장음 표시인 「ー」가 오면 앞 말의 **ア**음을 길게 발음한다.

스커트

ス　カ　ト
스　까　ー　또

발음 **イ**단 다음에 장음 표시인 「ー」가 오면 앞 말의 **イ**음을 길게 발음한다.

택시

タ　ク　シ
타　꾸　시　ー

발음 **ウ**단 다음에 장음 표시인 「ー」가 오면 앞 말의 **ウ**음을 길게 발음한다.

슈퍼

ス　パ　ー
스　ー　빠　ー

발음 **エ**단 다음에 장음 표시인 「ー」가 오면 앞 말의 **エ**음을 길게 발음한다.

스웨터

セ　タ　ー
세　ー　따　ー

케이크

ケ　キ
케　ー　끼

| **オ** | 발음 | **オ**단 다음에 장음 표시인 「ー」가 오면 앞 말의 **オ**음을 길게 발음한다. |

커피

| コ | ー | ヒ | ー | | | | |

코 ー 히 ー

■ 한글 발음과 그림을 보고 빈칸에 알맞은 가타카나와 장음부호를 써넣으세요.

스 까 ー 또

| ス | | | ト |

타 꾸 시 ー

| タ | ク | | |

스 ー 빠 ー

| | パ | |

세 ー 따 ー

| | タ | |

케 ー 끼

| | キ |

1. 가타카나 장음은 장음부호(ー)로 표기한다.

치 즈
チーズ *치즈

스 빠
スーパー *슈퍼

코 히
コーヒー *커피

2. f-는 フ 다음에 작은 글자 ァ ィ ゥ ェ ォ를 붙여 표기한다.

화 이 루
ファイル *파일

휘 루 무
フィルム *필름

훠 꾸
フォーク *포크

3. ti-, di-는 テ, デ에 작은 글자 ィ를 붙여 ティ, ディ로 표기한다.

티
ティー *티(차)

한 디
ハンディ *핸디

비 루 딩 구
ビルディング *빌딩